지은이 강로사

아이들에게 재미난 글을 쓰기 위해 오늘도 열심히 생각해요. 좋은 아이디어가 떠오르지 않으면 종종 함께 사는 고슴도치와 강아지에게 조언을 구한답니다. 그동안 《우주 난민》 《대조영 장군과 천문령의 대혈투》《달 아래 어린 신부》《내일을 바꾸는 사회 참여》 《우리 고장 위인 찾기 1, 6, 12, 14》《한국사를 이끈 리더 10》 등을 썼어요.

그린이 김혜령

연세대학교 생활디자인학과를 졸업하고 일러스트레이터로 활동하고 있어요.
출판과 광고 일러스트 작업을 주로 했어요. 《오늘부터 제대로, 금융 공부》
《수학 교과서 개념 읽기》《콘텐츠 연구소 집현전입니다》 등에 그림을 그렸으며,
직접 쓰고 그린 책으로 《각자의 리듬으로 산다》가 있어요.
그림 그리는 재미있는 할머니가 되는 것이 꿈이에요.

사업가를 꿈꾼다면?
동물병원을 운영해 봐요

어린이를 위한 첫 비즈니스 수업

강로사 글　김혜령 그림

그린북

사업가가 되고 싶나요?

누구나 어른이 되면 자신의 적성을 살려 직업을 찾고 돈을 법니다. 여러분은 이다음에 어떤 일을 하고 싶나요? 회사의 직원으로 일하기보다 사장님이 되고 싶다고요? 사업가가 되어 돈을 많이 벌고 싶다고요? 나만의 방식으로 하고 싶은 일을 하면서 보람을 느끼고 싶다고요?

그렇다면 잘 찾아오셨어요. 이 책은 미래의 사업가를 꿈꾸는 친구들에게 비즈니스란 어떤 것인지, 돈은 어떻게 벌 수 있는지, 어떤 것을 계획하고 신경 써야 하는지 알려 준답니다.

수의사가 되어 직접 동물병원을 운영하는 꿈을 가지고 있거나, 관심이 있는 친구라면 이 책에서 동물병원 운영을 간접적으로 경험할 수 있어요. 동물병원의 원장은 여러 가지를 결정해야 해요. 동물병원을 열기 위해 돈을 얼마나 어디에 투자해야 하는지, 위치는 어디로 정하고, 어떤 직원을 뽑을지 생각해야 하죠. 게다가 생명을 다루는 일인 만큼 책임감과 사명감도 남달라야 해요. 자, 이 모든 것들을 차근차근 알아보고, 나만의 동물병원을 열기 위한 계획을 세워 보아요. 연필과 지우개, 그리고 창의적인 아이디어가 준비됐나요? 출발!

자격과 돈이 필요해요

동물병원을 차리려면 먼저 준비해야 할 것들이 있어요. 다른 가게와는 달리 동물을 치료할 수 있는 자격을 갖추고 인정을 받아야 하지요. 다음 사항을 점검해 보고, 더 필요한 것은 무엇일까 생각해 보세요.

수의사 면허 대학교 수의학과를 졸업하고 국가고시를 치러 면허를 받아요.

사업자 등록 동물병원을 열겠다는 내용의 서류를 준비해 세무서에 제출해요.

동물병원 신고 시청, 군청, 구청 등 관련 기관에 동물병원을 차렸다고 신고해요.

자금 병원을 차릴 돈이 필요해요. 일하며 모아 둔 자금을 사용하고 모자란 돈은 은행에서 대출받아요.

동물병원을 시작하고 얼마 동안은 투자가 필요해요.
본격적인 수입이 들어오기 전까지 여기저기 쓸 돈이 많으니까요.
아래 항목을 살펴보고 자금을 예상해 보세요. 모두 합치면 얼마인가요?
이 돈을 어떻게 마련할지도 생각해 보세요.

예상 항목	예상 자금
상가 구입 동물병원을 차릴 상가를 구입하거나 건물 주인에게 **임대료**를 내야 해요. 상가를 소개한 부동산 중개 업소에 수수료도 내야 하죠. 🐾 건물 일부를 빌리는 대가로 내는 돈	원
인테리어 간판 다는 일부터 시작해 조명, 바닥, 안내 데스크, 진료실, 대기실 등 병원 내부를 꾸미고 가구를 사는 데 들어가는 비용이에요.	원
의료기기 구입 산소 공급 장치와 마취기, 엑스레이, 혈액 검사, 초음파 등 각종 검사와 진료에 필요한 장비와 도구가 필요해요.	원
의약품 구입 아픈 동물을 치료할 약과 거즈나 주사위, 장갑 등 의료 소모품이 있어야 해요.	원
용품 구입 처방 사료와 영양제, 이동장, 장난감, 배변 패드 등 각종 반려동물 용품을 마련해 놓고 판매할 수 있어요. 병원에서 필요한 용품을 사는 보호자들이 꽤 많답니다.	원

동물병원 여는 데 생각보다 돈이 많이 드네.

돈부터 마련하고 다시 생각해라냥.

어떤 병원을 열고 싶나요?

동물병원을 차린다고 무조건 사람들이 찾아오지 않아요. 병원이 자리를 잡을 때까지 시간이 필요하죠. 병원에서 특정 분야의 진료를 보면 전문적인 치료를 받기 위해 환자들이 더 찾기도 해요. 여러분은 어떤 동물병원을 운영하고 싶나요? 어떤 특징을 내세우면 좋을까요?

특정 동물 전문

동물병원에서 진료하는 동물은 강아지나 고양이가 대부분이에요. 그런데 요즘은 햄스터나 고슴도치, 토끼, 앵무새, 거북이 등 키우는 반려동물의 종류가 다양해졌어요. 이런 동물이 아프면 보호자들은 곤란해요. 자신이 키우는 동물을 봐주는 병원이 많지 않거든요. 또 가축을 키우는 사람들은 가축을 전문적으로 다루는 동물병원을 필요로 하지요. 동물병원에서 여러 동물을 진료한다면 더 많은 환자가 찾아올 거예요.

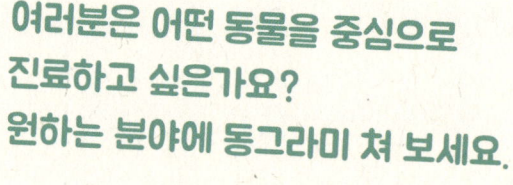

여러분은 어떤 동물을 중심으로 진료하고 싶은가요?
원하는 분야에 동그라미 쳐 보세요.

강아지나 고양이 거의 모든 동물병원에서 봐줘요.

소, 닭, 돼지 등 가축 축산 농가로 직접 출장을 나가야 해요.

파충류 뱀, 도마뱀 등을 치료해요.

소동물 고슴도치, 토끼, 햄스터, 기니피그 등을 치료해요.

조류 앵무새, 카나리아, 문조 등을 치료해요.

전문 분야

반려동물을 키우는 사람들의 인식 수준이 높아지고 있어요. 어떤 사람들은 반려동물의 특정 부위가 아프면 그 부위를 전문적으로 진료하는 병원을 찾기도 해요. 자신 있는 영역이 있다면 그 영역을 전문적으로 살리는 것도 좋은 방법이에요. 동물병원에는 다음과 같은 전문 분야가 있어요.

한방 치료 아픈 동물에게 침을 놓아 주고 한약을 지어 줘요.

치과 사람이 다니는 치과처럼 동물들의 치아를 전문적으로 치료해요.

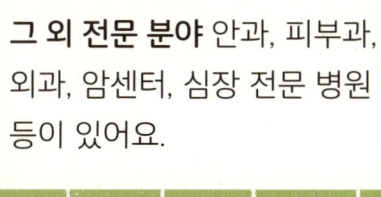

그 외 전문 분야 안과, 피부과, 외과, 암센터, 심장 전문 병원 등이 있어요.

여러분은 어떤 분야의 전문가가 되고 싶나요?

사업 계획을 세워요

동물병원에서 가장 중요한 업무는 동물을 진찰하고 치료하는 일이지만 그 외에도 여러 사업을 함께 할 수 있어요. 병원을 찾는 사람들에게 필요한 서비스를 제공하는 거지요.

호텔링 일정 기간 동안 반려동물을 돌보는 일이에요. 보호자가 돌아올 때까지 반려동물의 식사를 챙겨 주고 놀이나 산책을 시켜 줘요.

미용 동물의 털을 다듬어 주거나 목욕을 시켜 줘요. 반려동물에게 주기적으로 미용을 시키는 보호자들은 자주 가는 병원에서 미용까지 해결하기도 해요. 대부분의 동물병원에는 반려동물 미용사가 따로 있어요. 보통은 동물의 크기와 체중에 따라 비용을 다르게 받아요.

용품 판매 동물에게 필요한 사료나 각종 장난감을 팔아요. 일반 반려동물 용품점에서 팔지 않는 **의약외품**도 판매해요.

🐾 샴푸, 로션, 연고 등 의사 처방 없이 살 수 있는 제품

여러분은 동물병원에서 진료 외에 어떤 사업을 할 예정인가요? 나만의 사업 계획서를 짜 보세요.

호텔링

1시간	원
반 나절	원
1박	원
일주일 이상	문의 바람

용품 판매

	원가	판매 가격
일반 사료	14,000 원	원
병원 처방식	21,000 원	원
영양제	19,500 원	원
장난감	4,500 원	원

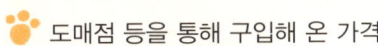 도매점 등을 통해 구입해 온 가격

미용

	소형견	중형견	대형견
전체 미용	원	원	원
부분 미용	원	원	원
가위컷	원	원	원
목욕	원	원	원

반려견 외 다른 동물은 문의 바람

이름과 로고를 만들어요

동물병원을 열려면 이름과 간판이 필요해요. 여러분은 어떤 이름이 좋은가요? 개성 있는 이름? 사람들이 금방 기억할 수 있는 이름? 가게 이름을 지을 때는 여러 가지를 고려해야 해요. 여러분이 정한 이름으로 간판을 꾸몄을 때 어떤 느낌일지도 상상해 보세요.

병원 이름을 짓고, 홈페이지나 광고지에 넣을 소개 글도 써 보세요.

OPEN

동물병원을 찾고 계세요?

우리 _____ 동물병원에서는
_____ 치료가 가능합니다.

우리 병원의 장점은
_____ 입니다.

_____ 한
우리 병원을 많이 찾아 주세요.

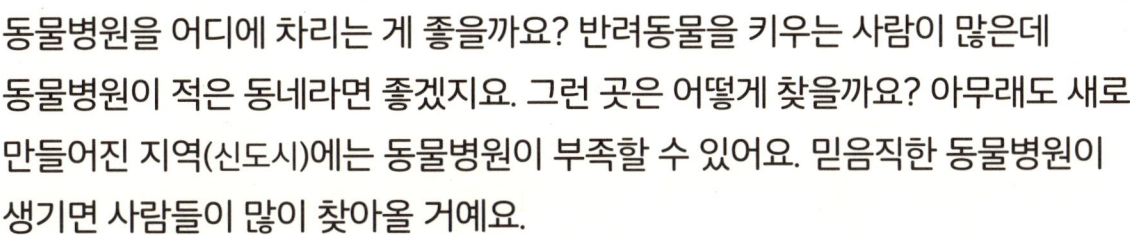

위치를 정해요

동물병원을 어디에 차리는 게 좋을까요? 반려동물을 키우는 사람이 많은데 동물병원이 적은 동네라면 좋겠지요. 그런 곳은 어떻게 찾을까요? 아무래도 새로 만들어진 지역(신도시)에는 동물병원이 부족할 수 있어요. 믿음직한 동물병원이 생기면 사람들이 많이 찾아올 거예요.

마음에 드는 지역이 있다면 그 주변에 동물병원이 있는지 확인해 보세요. 오랫동안 자리를 잡고 잘 운영되는 동물병원이 있다면 그 병원과 경쟁해야 할지도 몰라요.

또 교통이 편리한 곳일수록 유리해요. 오가는 길이 불편하면 아무리 좋은 병원이라도 가기 꺼려져요. 특히 응급 상황이 생기면 동물 보호자들은 가까운 병원부터 찾을 테니까요. 지하철역 근처나 찾기 쉬운 큰길가, 차를 운전해 오는 사람들을 위해 주차 공간이 넉넉한 곳이면 더욱 좋을 거예요.

 **동물병원의 특징에 따라 적합한 위치가 달라요. 아래 병원에 맞는 위치 조건을 찾아 연결해 보세요.**

가축을 진료하는 병원 •   • 주택가 가까운 곳

가벼운 수술이나 진료 위주의 병원 •   • 큰길가에 위치해 있고 주차 공간이 있는 곳

응급 수술이나 큰 수술도 하는 병원 •   • 축산 농가와 가까운 곳

닥터 멍이 동물병원을 차리려고 자리를 알아보고 있어요. 임대료 300만원으로 어떤 상가를 고르면 좋을까요? 그 이유는 무엇인가요?

여러분은 어디에 동물병원을 차리고 싶은가요? 원하는 상가에 표시하고 이유를 말해 보세요.

운영 시간을 정해요

보통 병원은 오전 9시나 10시부터 문을 열어 오후 6시나 7시쯤 진료를 마쳐요. 그런데 사람도 마찬가지지만, 동물들도 아픈 시간은 정해져 있지 않아요. 한밤중이나 휴일에 갑작스레 아프거나 사고가 나기도 하지요. 야간이나 휴일에 진료를 하면 수의사는 고단하겠지만, 위급한 상황의 동물들을 치료할 수 있어요. 어떤 동물병원은 24시간 열려 있어요. 언제든 보호자가 아픈 동물을 데리고 오도록 말이에요. 이런 병원을 운영하려면 여러 명의 수의사가 필요해요. 혼자서 잠도 자지 않고 24시간 일을 하다가는 병이 날 테니까요.
야간이나 공휴일에 병원을 열기 위해서는 고려할 점이 많아요. 이때 일하는 직원에게는 **수당**을 추가로 줘야 해요. 그만큼 야간, 공휴일 진료비도 추가되지요.

🐾 정해진 급여 이외에 따로 주는 돈

우리 병원은 직장인 보호자가 퇴근하고 오도록 저녁 8시까지 할까?

야간 수당만 보장해 주면 문제없다냥!

여러분은 동물병원의 진료 시간을 어떻게 운영할 계획인가요?
병원을 찾아오는 보호자들을 위해 안내문을 만들어 보세요.

진료 시간 안내

평일 : 오전 ☐시부터 오후 ☐시까지

토요일 : 오전 ☐시부터 오후 ☐시까지

점심시간 : ☐시 ~ ☐시

쉬는 날 : _____

진료 시간 안내

우리 병원은 24시 동물병원입니다.

일반 진료 : 오전 ☐시부터 오후 ☐시까지

응급 진료 : 오전 ☐시부터 오후 ☐시까지

직원을 구해요

동물병원에는 진료 외에도 많은 일이 있어요. 수의사 혼자서는 병원을 원활하게 운영하기가 쉽지 않아요. 진료를 보조해 줄 사람, 수의사가 진료를 보는 동안 전화를 받거나 돈을 계산할 사람, 미용사 등이 있어야 하죠. 마음이 맞는 직원을 고용해 함께 일한다면 병원을 안정적으로 운영할 수 있을 거예요. 동물병원에 어떤 직원이 필요한지 알아볼까요?

동물 보건사

동물병원의 간호사라고 생각하면 돼요. 진료에 필요한 물품을 준비하고 수의사의 진료를 도와요.

미용사

미용실에서 반려동물의 털을 다듬어 주고 목욕을 시켜 줘요. 수의사와 마찬가지로 동물을 잘 다뤄야 돼요.

매니저

의학적인 일 외에 병원 예약이나 간단한 상담, 계산 등의 업무를 처리해요. 작은 병원에서는 동물 보건사가 이 일을 맡기도 하지요.

동료 의사

자신의 전문 분야와 다른 분야의 의사와 함께하면 더 많은 환자를 치료할 수 있어요. 예를 들어 여러분이 강아지 전문이라면 동료 의사는 고양이 전문이 좋겠죠.

여러분은 어떤 직원을 고용하고 싶은가요? 직원의 월급도 예상해 보세요.

	담당 업무	갖추어야 할 능력과 성격	월급
동물 보건사			
매니저			
미용사			
동료 의사			

직원을 뽑으려면 채용 공고를 올려야 해요. 채용 공고는 일자리를 찾는 사람이 근무 환경과 조건을 살펴보고 지원할 수 있도록 정보를 제공하는 글이에요. 여러분이 원하는 동물 보건사를 뽑을 수 있도록 매력적인 채용 공고문을 써 보세요.

채용 공고문

_____ 한 동물 보건사를 모집합니다

담당 업무와 자격 조건

담당 업무	자격 조건	인원
• 진료 보조 • _____ • _____	경력 : 신입 / 경력(☐년 이상) 학력 : _____	____ 명

근무 조건

고용 형태 : 정규직 / 계약직(☐개월)

급여 : 월 _____ 원

근무 요일 및 시간 : _____

근무 지역 : _____

유의 사항 : _____

전형 절차 : 1차 서류 ▶ 2차 면접 ▶ 3차 최종 합격

접수 기간 : _____ 부터 _____ 까지

접수 방법 : _____

수입과 지출을 계산해요

동물병원이 벌어들이는 돈 중에 가장 비중이 큰 건 진료비일 거예요.
그런데 동물병원 진료비는 명확하게 정해져 있지 않아요.
병원마다 진료비가 천차만별이지요.

진료와 서비스로 수입을 창출해요

정해져 있지 않다고 터무니없이 높게 받으면 어떻게 될까요? 사람들은 혀를 내두르며 오지 않을 거예요. 반대로 지나치게 저렴한 가격으로 받으면 사람들은 좋아하겠지만, 병원을 운영하기가 힘들겠지요. 진료비 외에 용품 판매나 미용, 호텔링 비용도 마찬가지예요.
이렇게 물건이나 서비스에 대한 대가로 받는 돈을 수입이라고 해요.

운영에 필요한 돈을 지출해요

동물병원을 운영하려면 계속 필요한 돈이 있어요. 직원들 월급도 줘야 하고 상가 임대료도 내야 하죠. 거즈나 붕대 등 소모품도 주기적으로 구매해요. 보호자들에게 판매할 반려동물 용품은 전문 업체에서 구입해야 해요. 이런 데 드는 돈을 지출이라고 해요.

수입에서 지출을 빼고 난 금액이 바로 수익, 즉 사업가가 진짜로 벌어들인 돈이에요.
모든 사업은 수입과 지출을 세밀하게 예측해야 해요. 동물병원도 마찬가지로, 수입과 지출에 대한 계획을 잘 짜야 안정적인 수익을 남기며 운영할 수 있어요.

생명을 다루는 전문적인 일이니까 가격을 낮게 부를 순 없어. 하지만 사람들에게 부담스럽지 않아야 할 텐데……

모처럼 제대로 된 고민을 한다냥!

우리 월급도 생각해서 진료비를 정하세요.

동물병원 진료비는 어떻게 정할까요? 수의사의 입장에선 자신의 수익을 포함해 동물병원 운영이 가능한 가격이, 보호자의 입장에선 부담스럽지 않은 가격이 좋겠지요? 주변 동물병원의 진료와 서비스의 가격대를 조사하는 것도 방법이에요. 진료비를 어떻게 받을지 정해 보세요.

항목	품목	가격
진료비	초진료(처음 온 환자, 재진료보다 약간 비쌈)	원
	재진료(한 번 이상 진료한 환자)	원
검사비	혈액 검사	5,000원
	심장사상충 검사	원
	엑스레이	원
	초음파	25,000원
접종비	광견병	원
	장염	원
	파보바이러스	원
수술비	중성화 수술	10,000원
	골절 수술	100,000원
	장기 수술	원
	눈 수술	원
치과	치아 뽑기	10,000원
	스케일링	원

수의사의 평균 연봉은 약 5300만 원이에요. (2017년 한국고용정보원 자료)
한 달에 약 440만 원을 번다는 뜻이에요. 이 말은 동물병원의
한 달 수입에서 지출을 뺀 나머지 금액이 약 440만 원이라는 뜻이죠.
아래 수입과 지출 예산표를 살펴보고 빈칸을 채우며 계획을 세워 보세요.
이때 수익이 약 440만원이 나오도록 해 보세요.

수입 항목

수익 항목	금액
진찰비 (진료비, 수술비, 검사비, 접종비)	300만 원
약, 영양제 처방	200만 원
식품 판매 (사료, 간식 등)	만 원
용품 판매 (장난감, 배변 패드, 이동장 등)	440만 원
미용	만 원
호텔링	만 원

Total 　　　만 원

지출 항목

지출 항목	금액
의약용품 구입	200만 원
식품 구입	만 원
용품 구입	만 원
인건비 (동물 보건사, 미용사 등)	500만 원
임대료	300만 원
기타 운영비	만 원

Total 　　　만 원

인테리어를 계획해요

여러분은 동물병원 내부를 어떻게 꾸미고 싶나요? 공간을 어떻게 배치하고 꾸며야 보기 좋고 효율적일까요? 병원을 찾아온 동물과 보호자들이 편안함을 느끼고, 직원들도 편리하게 일할 수 있는 인테리어를 고민해 보세요.

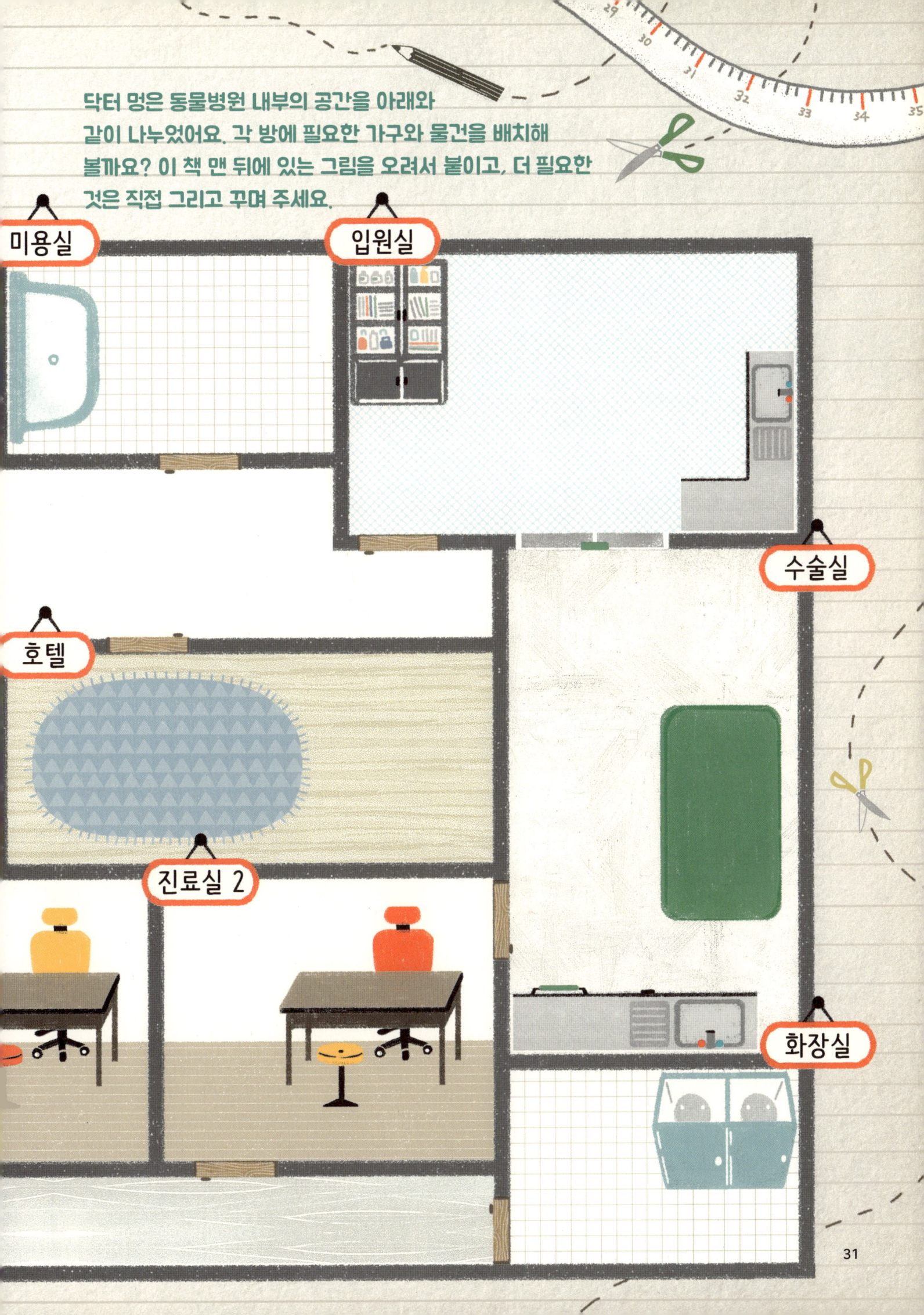

지금 만나러 갑니다!
동물병원 생생 인터뷰

동물병원을 직접 운영하고 있는 수의사의 이야기를 들어 본다면, 여러분이 진로를 정하고 사업 계획을 세우는 데 도움이 될 거예요. 닥터 멍이 서울 H동물병원의 원장 수의사 선생님과 인터뷰를 나눠 보았어요.

동물병원을 차리게 된 계기는 무엇인가요?

여러 수의사가 함께 일하는 병원에서는 수의사로서 자신의 철학에 맞게 환자와 보호자를 대하고 치료하기 어려워요. 사람마다 생각이 다르다 보니 수의사들 사이에 의견이 갈리기 쉽죠. 제 생각대로 직접 진료하고 서비스를 제공하고 싶어 동물병원을 차리게 되었습니다.

동물병원을 운영할 때, 진료 말고도 신경 쓸 게 많나요?

특수 병원이 아닌 대부분의 동물병원은 다양한 서비스를 제공합니다. 진료 외에도 미용, 용품 판매, 병원 홍보도 신경 써야 합니다. 건물 임대료와 인건비가 오르는 점, 환자가 늘거나 줄어 병원 수익이 달라지는 점 등 신경 쓸 게 많죠.

동물병원 운영에 힘든 점은 무엇인가요?

동물병원도 결국 이윤을 남겨야 하는 사업체입니다. 수의사이지만 경영에 필요한 부가적인 서비스에 신경을 많이 써야 하는 점이 스트레스가 되기도 해요. 또 동물병원에는 수의사 말고도 동물 보건사, 미용 업무, 청소 업무 등을 담당하는 다른 직원들이 있는데 자주 바뀌는 편입니다. 바뀔 때마다 새로 교육을 하고 손발을 맞춰 가면서 노력해야 할 때 힘이 듭니다.

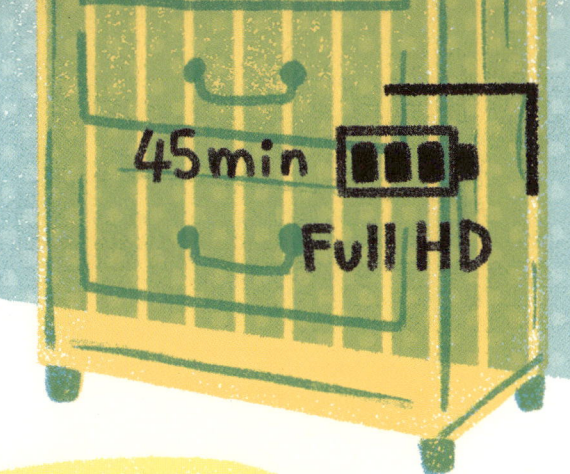

 수의사로서 어려움을 느낄 때는 언제예요?

곧 죽을 수도 있는 위험한 질병에 걸렸거나 쓰러지기 일보 직전의 동물을 마주했을 때, 긴박하고 다급한 상황을 견뎌야 할 때가 있습니다. 15년이 넘게 같은 일을 해 오면서도 무척 어렵습니다. 또 약물 처치나 수술은 진행이 되었지만 환자 상태가 나아지기까지는 시간이 흘러야 하는데요, 그 시간을 견디면서 보호자 못지않게 스트레스를 많이 받습니다.

 수의사로서 보람을 느끼는 순간은요?

작고 약해서 잦은 병치레로 고생하던 동물이 드디어 건강하게 자라 예방접종하고 갔을 때, 늙고 심각한 병에 걸려 지쳐 있던 동물이 한바탕 고비를 넘기고 퇴원한 후 회복이 되어 병원에 다시 진료를 보러 올 때입니다. 이때는 보호자도 얼굴이 환해져서 옵니다. 동물이 세상을 떠난 지 한참 뒤에라도 소식을 전할 겸 감사 인사를 하러 들러 주실 때면 고마운 마음이 듭니다. 보호자가 저와 직원들을 신뢰하고 지시 사항을 잘 따라 줄 때 좋은 결과가 생기고 보람을 느낍니다. 때론 다 같이 하이파이브라도 하고 싶을 만큼 신나는 경우도 많습니다.

 어떤 마음가짐으로 동물들을 치료하시나요?

동물들이 저희 병원을 거치면서 건강을 지키기도 하고 건강을 회복하기도 하며 때로는 마지막을 보내러 오기도 합니다. 저는 "다음에 똑같은 상황이 생겨도 난 이렇게 할 거야."라고 확신할 수 있을 만큼 매 순간 신중하게, 최선을 다하면서 최고의 능력치를 발휘하도록 집중하자고 늘 다짐한답니다.

수의사에게 필요한 자질은 무엇인가요?

동물에 대한 관심과 애정은 당연하고요, 뛰어난 관찰력, 눈썰미, 기억력, 순발력이 필요하다 생각합니다. 수의사는 동물을 치료하지만 보호자인 사람과 많은 이야기를 나누기 때문에 친밀하고 활발한 성격도 필요해요.

앞으로 동물병원을 어떻게 꾸려 나가고 싶으세요?

모두가 행복하고 만족하며 지낼 수 있는 병원으로 만들고 싶습니다. 직원들에게는 안정되고 자랑하고 싶은 직장이면 좋겠어요. 또한 보호자들이 우리 동네에(또는 내가 아는 동물병원 중에) 이 병원이 있어서 안심이라고 말할 수 있는 병원이 되고 싶어요.

수의사가 되고 싶은 어린이들에게 한 말씀 부탁드립니다!

동물을 좋아해서 많이 볼 수 있고 만질 수 있으니까 수의사가 되고 싶다면 곤란해요. 수의사는 강한 책임감이 필요한 직업이에요. 생명을 소중히 여기는 마음, 다양한 성격의 사람과 동물들과 소통할 수 있는 열린 마음이 필요합니다.

병원을 홍보해요

아무리 좋은 병원이라도 알려지지 않으면 사람들이 찾아오지 않을 테고, 결국 문을 닫아야 할지도 몰라요. 홍보를 어떻게 하느냐에 따라 더 많은 사람들이 찾아올 수 있어요. 특히 이제 막 동물병원을 열었다면 홍보를 하는 게 좋아요. 방법은 여러 가지가 있어요.

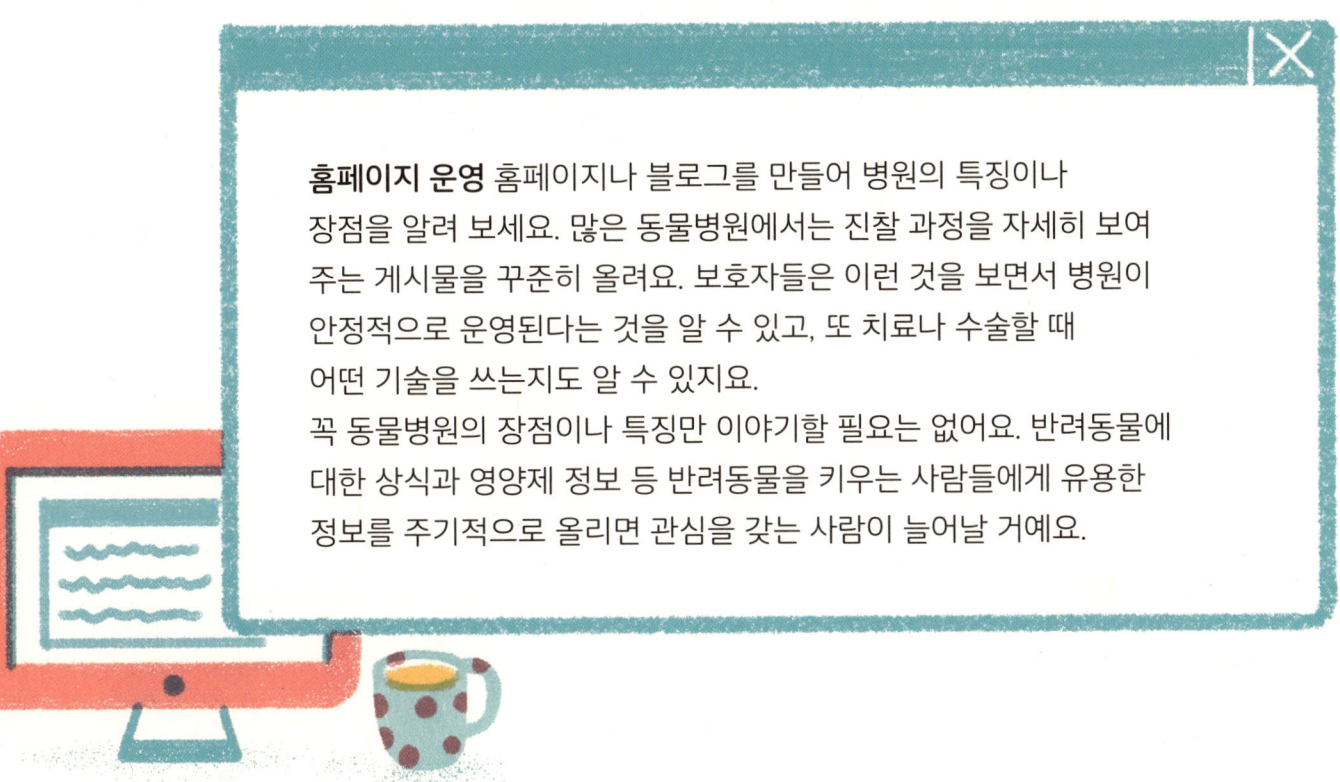

홈페이지 운영 홈페이지나 블로그를 만들어 병원의 특징이나 장점을 알려 보세요. 많은 동물병원에서는 진찰 과정을 자세히 보여 주는 게시물을 꾸준히 올려요. 보호자들은 이런 것을 보면서 병원이 안정적으로 운영된다는 것을 알 수 있고, 또 치료나 수술할 때 어떤 기술을 쓰는지도 알 수 있지요.
꼭 동물병원의 장점이나 특징만 이야기할 필요는 없어요. 반려동물에 대한 상식과 영양제 정보 등 반려동물을 키우는 사람들에게 유용한 정보를 주기적으로 올리면 관심을 갖는 사람이 늘어날 거예요.

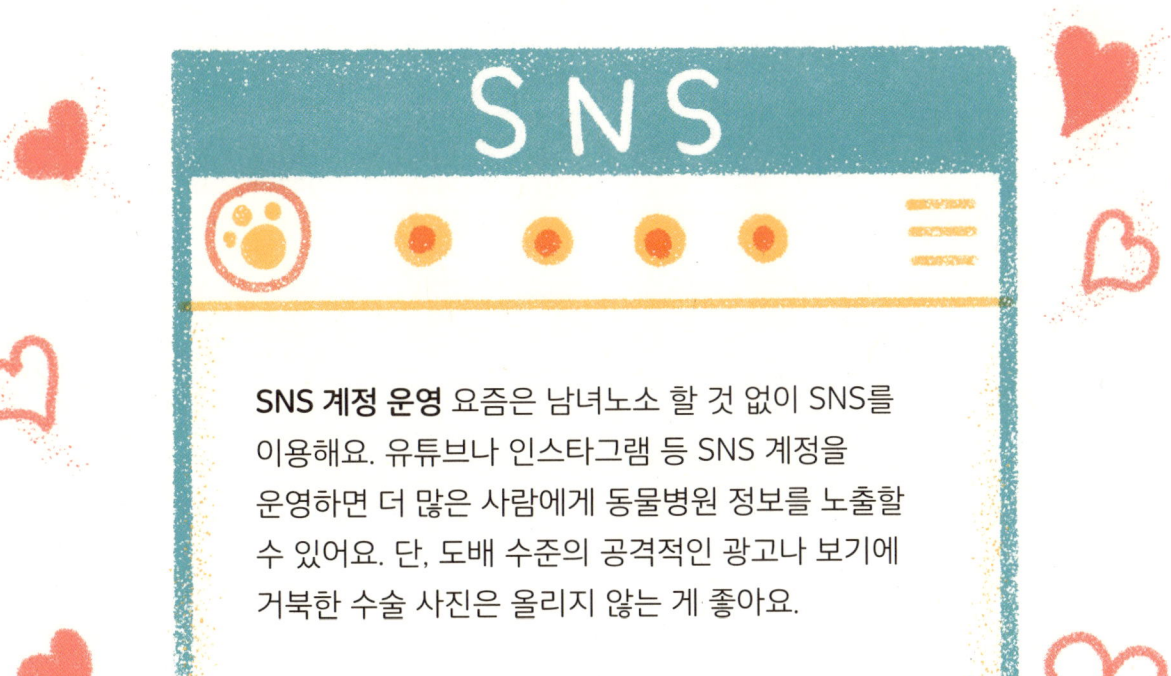

SNS 계정 운영 요즘은 남녀노소 할 것 없이 SNS를 이용해요. 유튜브나 인스타그램 등 SNS 계정을 운영하면 더 많은 사람에게 동물병원 정보를 노출할 수 있어요. 단, 도배 수준의 공격적인 광고나 보기에 거북한 수술 사진은 올리지 않는 게 좋아요.

강연하기 반려동물에 관한 주제로 강연을 열어 보세요. 병원 근처에 사는 주민들이 찾아올 거예요. 사람들은 강연도 듣고 이 동물병원이 있다는 것도 알게 되겠죠? 또 수의사가 전문가라는 인상을 받을 거예요.

할인 이벤트 일정 기간 동안 수술비나 용품 가격을 할인해 주는 거예요.

마케팅 업체 고용 전문가에게 비용을 주고 홍보를 맡기는 것도 하나의 방법이에요. 마케팅 업체에선 주변 상권과 병원의 특징 등을 조사해 동물병원에 맞는 홍보 방법을 찾아 줘요.

난 이렇게 홍보하겠어!

닥터 멍의 홍보 계획서

홍보 방식	블로그를 운영한다
홍보 내용	**우리 병원의 특징 소개** 소동물을 진료합니다. 멋쟁이 햄스터 미용사가 있습니다. **반려동물 상식 게시물 올리기** 고양이가 좋아하는 것과 싫어하는 것 햄스터 발톱 깎는 방법 **병원 이야기** 수술 후기 수술 후 강아지가 잘 노는 영상
홍보 주기	주 1회 이상 블로그 게시물 올리기
예산	성능 좋은 카메라 구입 : 100만원

여러분의 동물병원을 어떤 방법으로 홍보하고 싶은가요?
닥터 멍의 홍보 계획서를 참고해
나만의 홍보 계획서를 만들어 보세요.

_____ 동물병원 홍보 계획서

홍보 방식	
홍보 내용	
홍보 주기	
예산	

업무 계획을 세워요

동물병원의 하루는 어떻게 돌아갈까요? 닥터 멍의 하루 일과를 살펴보고, 수의사이자 동물병원 운영자로서 시간 계획을 어떻게 세우면 좋을지 생각해 봐요.

오전 9시 입원 환자의 상태를 확인하고 오전에 필요한 처치를 합니다.

오전 9시 30분 직원들과 함께 병원을 청소합니다. 문을 열어 환기를 시킵니다. 약이나 소모품이 얼마나 남았는지 살펴보고 부족하면 주문합니다.

오전 10시 오늘 병원을 방문할 예정인 환자들의 차트를 확인합니다. 환자마다 알아야 할 주의사항이나 특이사항을 직원들과 함께 점검합니다.

오전 10시 30분 차례차례 진료를 시작합니다.

오후 1시 점심식사를 합니다.

오후 2시 일정이 잡힌 수술을 합니다.

오후 3시 예약된 진료를 봅니다.

오후 5시 미용실에 들러 점검합니다. 보호자들이 서비스에 만족하는지, 미용사에게 어려움이나 필요한 것은 없는지 확인합니다.

오후 7시 문을 닫고 퇴근합니다.

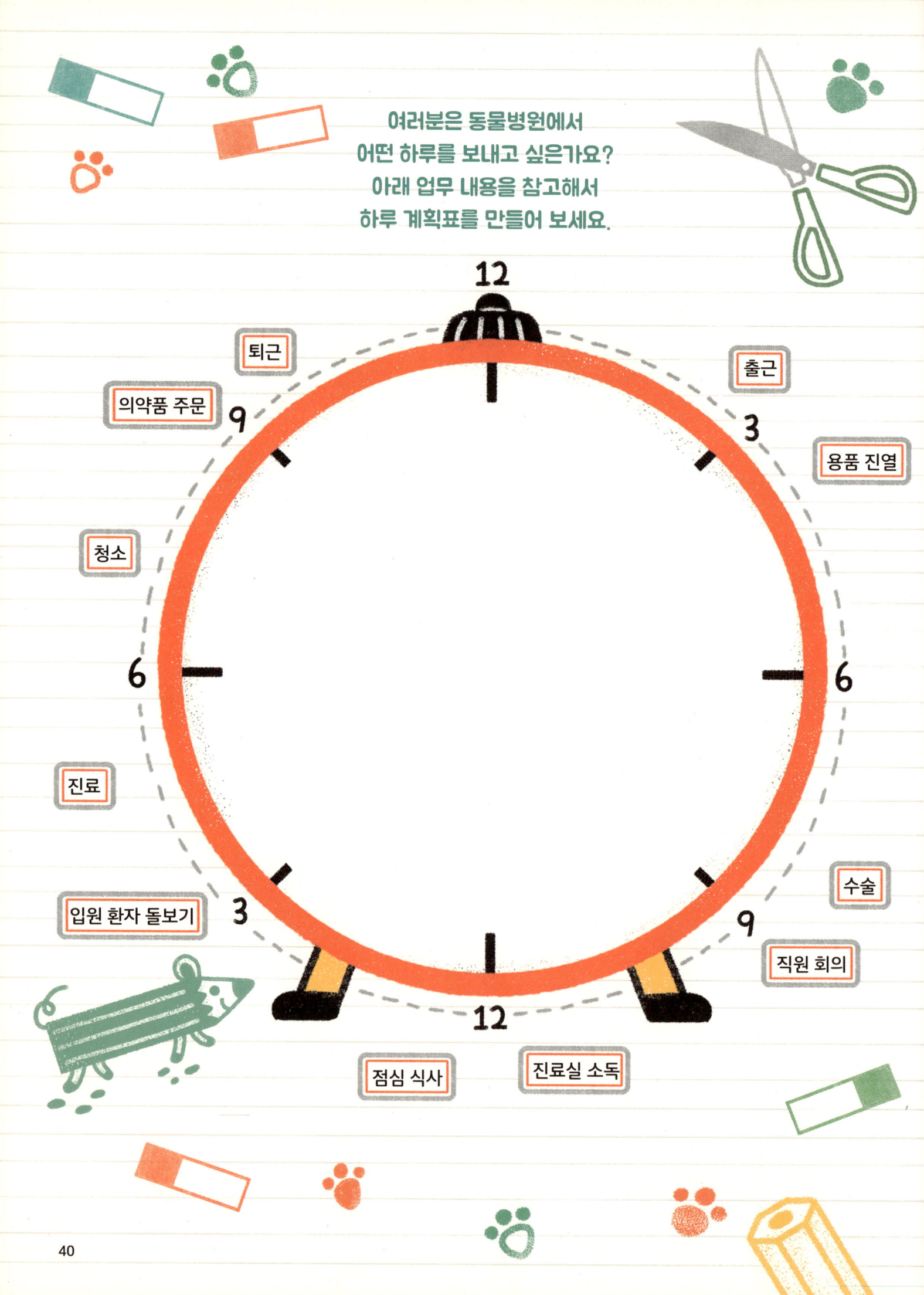

법 알아 두기

동물병원을 운영할 때 지켜야 할 규정들이 있어요. 주로 수의사법과 동물보호법에서 정한 규정들이죠. 지키지 않으면 벌금을 물거나 영업정지를 당할 수 있으니 꼭 알아 두세요.

절대 잊으면 안 된다냥!

진료 내용 기록 수의사는 진료부를 갖추어 두고 진료한 내용을 기록하고 서명해요.

대면 치료 동물을 직접 보고 진료하지 않은 상태에서 약을 처방하면 안 돼요.

방사선 안전 엑스레이 등 방사선 기계를 설치할 땐 시군구청에 신고하고 주기적으로 방사선 검사를 받아요.

마취제 사용 기록 동물용 마취제를 사용할 때는 일지를 정확하게 작성해요.

개인정보 보호 진료를 접수할 때 보호자의 개인정보를 지켜요.

수의사는 동물보호법에 따라 보호자에게 다음과 같은 내용을 안내해요. 이 두 가지는 정부에서 비용을 일부 지원하고 있어요.

반려동물 등록제 동물을 잃어버리지 않도록 시군구청이나 동물병원에 동물 등록을 신청하는 것.

광견병 예방접종 매년 광견병 예방을 위해 반려견에게 백신을 주사하는 것.

이럴 땐 이렇게

동물병원을 운영하다 보면 여러 가지 문제가 발생하기도 해요. 동물병원에서 자주 일어나는 문제는 대처할 수 있는 방법을 알아 두고 원칙을 세워 두면 당황하지 않고 해결할 수 있을 거예요. 물론 예상하지 못한 일이 발생할 수도 있답니다.

의료 사고가 났을 때 수의사로서 보호자에게 사과를 하고 상황을 사실대로 정확하게 설명해요. 어떤 처치를 하다가 사고가 벌어졌는지, 도중에 어떻게 대처했는지 얘기해요. 그리고 보호자와 함께 해결 방안을 찾아요. 적절한 방법이 있다면 먼저 제안하고, 보호자에게 다른 의견이 있다면 들어 봐요.

보호자와의 마찰 수의사의 신념과 크게 부딪히지 않는다면 보호자의 의견을 받아들여요. 그러나 보호자가 몰상식한 태도를 보인다면 강하게 대응해야 해요. 수의사는 전문적인 지식과 정확한 정보를 가지고 동물을 치료할 책임이 있어요. 또 병원의 직원들도 살펴야 하죠.

직원이 다쳤을 때 작은 사고라면 응급처치를 시키고 잠시 쉬도록 해 줘요. 병원에 가서 치료를 받아야 한다면 병원비를 지불해 주어야 해요.

동물병원에서 다음과 같은 상황이 발생했을 때, 여러분은 어떻게 대처할 건가요?
말풍선 안에 여러분의 생각을 써 보세요.

수술 후 보호자가 수술비가 비싸다며 못 내겠다고 할 때

진료 중에 직원이 다쳤을 때

어떤 수의사가 되고 싶나요?

수의사는 생명을 다루는 의사인 동시에 수익도 내야 하는 사업가예요. 아픈 동물을 치료하는 것은 기본이고 직원들의 복지나 병원 운영에 관련된 문제, 보호자와의 관계 등 신경 쓸 부분이 많죠. 수의사가 가져야 할 마음가짐에 대해 알아봐요.

동물을 사랑하는 마음

동물을 사랑하는 마음 없이 수의사가 될 수 없어요. 수의사는 동물의 예쁜 모습보다는 아프고 예민한 모습을 더 많이 봐요. 때론 동물에게 물리기도 하고, 끔찍한 상처 부위나 죽어 가는 모습까지 지켜보지요. 수의사의 목표는 병원을 찾는 동물의 고통을 최대한 줄여 주는 거예요. 언제나 냉철하고 정확한 판단으로 동물을 치료해야 해요.

보호자에게 정직하게

보호자는 수의사를 믿고 자신이 사랑하는 동물을 데리고 와요. 그 동물을 끝까지 키우는 건 수의사가 아니라 보호자예요. 그러니 수의사는 보호자에게 언제나 정확한 정보를 알려 줘야 하고 정직해야 해요. 필요한 상담을 해 주고 아무리 슬픈 소식이라도 보호자에게 담담하게 전할 줄 알아야 해요.

자신의 능력 안에서 최선을

수의사는 동물의 상태를 파악해서 치료 방법을 정하고, 자신이 할 수 있는 처치나 수술인지 진지하게 고려해야 해요. 만약 자신의 영역이 아니라면 다른 병원이나 수의사를 추천하면 돼요.

여러분은 어떤 수의사가 되고 싶나요? 그렇게 되기 위해 무엇을 할 계획인가요?

나는 _____ 한 수의사가 되겠습니다.

그리고 _____ 한 동물병원을 운영할 것입니다.

그래서 나는 지금부터 _____
_____
_____ 할 거예요.

_____ 년 ___ 월 ___ 일
미래의 수의사 _____

약속해!

지켜보겠다냥.

자, 이제 동물병원 운영을 위한 모든 임무가 끝났어요.
여러분의 첫 비즈니스가 성공적으로 마무리된 것을 축하합니다!
사업을 스스로 계획하고 고민해 본 소감이 어떤가요?
모든 사업에는 세밀한 계획과 창의적인 아이디어, 그리고 책임감이
필요하다는 것을 알게 되었나요? 여러분이 꿈꾼 대로 언젠가
사업가가 된다면, 이 책에서 배운 것들을 잊지 마세요!

30~31페이지 동물병원 인테리어에 활용하세요.

사업가를 꿈꾼다면?
동물병원을 운영해 봐요

초판 1쇄 발행 2020년 11월 16일

지은이 강로사 | **그린이** 김혜령
펴낸이 윤상열 | **기획편집** 염미희 김다혜 | **디자인** 나비 | **마케팅** 윤선미 | **경영관리** 김미홍
펴낸곳 도서출판 그린북 | **출판등록** 1995년 1월 4일(제10-1086호)
주소 서울시 마포구 방울내로11길 23 두영빌딩 302호
전화 02)323-8030~1 | **팩스** 02)323-8797 | **이메일** gbook01@naver.com | **블로그** greenbook.kr
ISBN 978-89-5588-961-1 73320

© 강로사, 김혜령 2020
이 책의 전부 또는 일부를 이용하려면 저작권자와 그린북의 서면 동의를 받아야 합니다.

어린이제품안전특별법에 의한 표시
품명 어린이 도서 **제조국** 대한민국 **사용연령** 7세 이상 **주의사항** 책 모서리에 다치지 않도록 주의하세요.